Udo Grashoff

17. Juni 1953

Inhaltsverzeichnis

Das Bild

Das Foto zeigt einen sowjetischen Panzer, der eine von zahlreichen Menschen gesäumte Straße entlangfährt. Die Menschen scheinen gebannt zu dem Panzer zu blicken. Viele halten ein Fahrrad in der Hand. Die Szene ereignete sich am späten Nachmittag des 17. Juni 1953 in Leipzig. Im Hintergrund ist das Gebäude des heutigen Bundesverwaltungsgerichts zu sehen, in dem sich damals das Georgi-Dimitroff-Museum sowie das Museum der Bildenden Künste befanden.

Die Streikbewegung war am Morgen des 17. Juni 1953 in einigen Vororten gestartet und hatte sich allmählich gesteigert. Nachdem am Vormittag zunächst Arbeiter auf sieben städtischen Baustellen und in zwei Betrieben in den Streik getreten waren, wurden am Nachmittag 81 Betriebe bestreikt, in denen etwa ein Sechstel der Berufstätigen der Stadt beschäftigt waren. Dass es zunächst möglich war, ungehindert durch die Straßen der Messestadt zu marschieren und gegen die Regierung zu protestieren, weckte bei vielen Beteiligten die illusorische Hoffnung, die SED-Führung hätte bereits resigniert und ein politischer Wechsel stehe unmittelbar bevor.

Ab Mittag des 17. Juni waren bis zu 40.000 Protestierende in der Leipziger Innenstadt unterwegs. Sie fanden sich zu spontanen Aktionen zusammen und griffen Gebäude der Staatsmacht an. Beispielsweise besetzten sie die FDJ-Kreisleitung, warfen Propagandamaterialien auf die Straße und entfachten ein Feuer. Auf dem Karl-Marx-Platz rüttelten Protestierende an einer riesigen Stalinbüste – die wackelte, aber, so erinnern sich Zeitzeugen, nicht vom Sockel stürzte.

Anders als im benachbarten Halle bildete sich in Leipzig kein überbetriebliches Streikkomitee, das die Proteste hätte koordinieren können. Stattdessen zogen immer

ullstein bild, 01726619, Walter Wernicke

17. Juni 1953: Sowjetische Soldaten rücken wegen der Erstürmung der Leipziger Staatsanwaltschaft aus.

wieder Marschkolonnen durch die Stadt, und an bestimmten Gebäuden der Staatsmacht kulminierte der Konflikt mit Sicherheitskräften. Ein Schwerpunkt der Proteste war ein in unmittelbarer Nähe der Stelle, an dem das Foto aufgenommen wurde, gelegener Gebäudekomplex. Hier befanden sich das Bezirksgericht, die Staatsanwaltschaft und die Untersuchungshaftanstalt. Tausende Demonstranten belagerten den Ort. Dabei kam es zu dramatischen Szenen. Demonstranten stürmten den Innenhof des Gefängnisses und versuchten vergeblich, Gefangene zu befreien. Mit Rammböcken und Brechstangen drangen Protestierende in das Gebäude der Staatsanwaltschaft ein und warfen Akten aus dem Fenster. Die zur Verteidigung der Gebäude eingesetzten Polizisten gaben Warnschüsse ab. Zeitweise wurden sie von sowjetischen Soldaten unterstützt, die

Leipzig 17. Juni 1953: Ein Todesopfer (der 19-jährige Dieter Teich) wird fortgetragen. Er hatte an der versuchten Befreiung politischer Gefangener an der Staatsanwaltschaft in der Beethovenstraße mitgewirkt.

ebenfalls Schüsse abgaben. Angesichts der Belagerung der Untersuchungshaftanstalt wies der SED-Bezirkssekretär Paul Fröhlich die Sicherheitskräfte an, von der Schusswaffe Gebrauch zu machen. Ein Aufständischer wurde in unmittelbarer Nähe des auf dem Foto abgebildeten Dimitroff-Museums von einem deutschen Polizisten erschossen. Der Tote wurde auf eine Krankentrage gelegt und in einem Schweigemarsch bis zum Hauptbahnhof getragen. Zahlreiche Leipziger warfen Blumen auf die Trage, sodass der Tote rasch mit Blumen bedeckt war. Noch während des Trauermarsches, um 16 Uhr, verhängte der sowjetische Stadtkommandant den Ausnahmezustand und ließ Panzer auffahren. Nachdem die Proteste friedlich begonnen hatten, reagierten nun auch die Demonstranten zunehmend mit Gewalt. Angesichts der sowjetischen Panzer, welche die Niederschlagung des Aufstands besiegelten, wurde Hoffnung zu Resignation.

SED-Diktatur am Ende?

Auslöser für den von Arbeitern initiierten, aber bald von breiten Bevölkerungsschichten getragenen Aufstand des 17. Juni 1953 war die Bekanntgabe eines »Neuen Kurses« durch die SED am 11. Juni 1953. Auf der ersten Seite der Parteizeitung »Neues Deutschland« gab die DDR-Regierung zu, Fehler gemacht zu haben, und stellte die Revision fast aller in den letzten Monaten beschlossenen innenpolitischen Maßnahmen für einen »beschleunigten Aufbau des Sozialismus« in Aussicht. Diese völlig unerwartete und willkürlich wirkende Kehrtwendung erweckte in weiten Teilen der Bevölkerung den Eindruck, die SED stünde kurz vor dem

Demonstranten fordern freie Wahlen.

politischen Bankrott. Daher rechneten sich die Streikenden am 17. Juni 1953 realistische Chancen aus, die herrschende SED stürzen zu können. Neben klaren politischen Forderungen wie »Freie gesamtdeutsche Wahlen« und »Nieder mit der Regierung« brachte auch der sarkastische Spruch »Spitzbart, Bauch und Brille sind nicht des Volkes Wille« die in der ostdeutschen Bevölkerung weit verbreitete Ablehnung der Regierenden zum Ausdruck. Mit »Spitzbart« war SED-Chef Walter Ulbricht, mit »Bauch« Staatspräsident Wilhelm Pieck und mit »Brille« Ministerpräsident Otto Grotewohl gemeint. Dieses Führungstrio repräsentierte um das Jahr 1953 eine Politik, die sich verrannt zu haben schien. So sah es zumindest aus. Dass der »Neue Kurs« von der Moskauer Führung verordnet wurde, um den die Existenz der DDR gefährdenden Flüchtlingsstrom in Richtung Westen zu stoppen, und dass die SED ihn nur zögernd und widerwillig umsetzte, war damals nicht bekannt.

Beschleunigter Aufbau des Sozialismus

Erst im Juli 1952 hatte die SED auf ihrer 2. Parteikonferenz offiziell beschlossen, eine kommunistische Diktatur zu errichten. Diesen Plan hegten die deutschen Kommunisten bereits seit Kriegsende. Zunächst aber hatte Walter Ulbricht in der Sowjetischen Besatzungszone die Parole ausgegeben, alles müsse demokratisch aussehen, die Kommunisten sollten die politischen Strukturen möglichst unauffällig kontrollieren. Nun aber sollte die offene Diktatur errichtet werden. Da die Kommunisten unter Bezugnahme auf Karl Marx glaubten, dass die Eigentumsfrage der Schlüssel zur Lösung der Menschheitsprobleme sei, richtete sich der Fokus des beschleunigten Aufbaus des Sozialismus in materieller Hinsicht auf die Enteignung noch vorhandener privater Unternehmen und auf die Kollektivierung der Landwirtschaft. Zugleich versuchte die SED, in weltanschaulicher Hinsicht bei den Arbeitern »Klassenbewusstsein« durchzusetzen und Andersdenkende massiv zu unterdrücken, wobei die Zurückdrängung des Christentums einen besonderen Schwerpunkt bildete.

Der Zeitpunkt der Bekanntgabe des Programms zur endgültigen und vollständigen Diktaturdurchsetzung in der DDR ergab sich daraus, dass Stalin kurz zuvor grünes Licht gegeben hatte. Der sowjetische Diktator hatte nach Ende des Zweiten Weltkrieges zunächst unterschiedliche Signale hinsichtlich der Zukunft der sowjetischen Besatzungszone gegeben. Zum einen konnte die SED spätestens ab 1948 eindeutige Schritte in Richtung Planwirtschaft und kommunistische Diktatur unternehmen, zum anderen hielt sich Stalin noch lange die Option einer (in Österreich tatsächlich praktizierten) Neutralitätslösung offen. Ein letztes Mal brachte Stalin die Idee eines neutralen gesamtdeutschen Staates im April

II. Parteikonferenz der SED vom 9. bis 12. Juli 1952 in der Werner-Seelenbinder-Halle in Berlin.

1952 aufs diplomatische Parkett. Seine diesbezüglichen Noten an die Westmächte wurden jedoch als Täuschung zurückgewiesen, was Stalin veranlasste, die Errichtung eines rigorosen Grenzregimes an der innerdeutschen Grenze anzuordnen. Als Grenzzone des sowjetischen Machtbereiches musste die DDR binnen kürzester Zeit aufgerüstet werden, was ungeplante Investitionen in Höhe von etwa zehn Prozent des Staatshaushaltes erforderlich machte. Umgehend wurde die Schaffung einer 5-km-Schutzzone an der innerdeutschen Grenze eingeleitet – ein Prozess, der 1961 in der Schließung der offenen Grenze in Berlin zum Abschluss kam.

Sektorengrenze, 19. Juni 1952: Unter der Bewachung von Volkspolizisten bauen Arbeiter durch das Dorf Mödlareuth einen Bretterzaun, der die DDR von der Bundesrepublik abgrenzen soll.

Das Programm der SED zum beschleunigten Aufbau des Sozialismus war das innenpolitische Gegenstück zur von Stalin angeordneten Abschottung der DDR. Nachdem nun endgültig klar geworden war, dass die DDR Teil des sowjetischen Blocks werden sollte, wurde mit Hochdruck eine ostdeutsche Version des bolschewistischen Regimes aufgebaut. Anders als in der Sowjetunion wurde jedoch kein Gesetz zur Enteignung von Großbauern und Unternehmern erlassen, stattdessen wurden diese als Einzelpersonen kriminalisiert. Erst wurden die Steuern für private Unternehmer erhöht, dann wurden sie rigoros eingetrieben. Kleinste Unregelmäßigkeiten zogen Verhaftung und Enteignung nach sich. Binnen weniger Monate schrumpfte der private Sektor der DDR-Wirtschaft um zehn Prozent. Zugleich verdoppelte sich die Zahl der Gefangenen in den Gefängnissen. Das wiederum bewirkte,

Eine Flüchtlingsfamilie zwischen Thüringen und Bayern, 10. Juni 1952.

dass viele Menschen aus Furcht vor Repression fluchtartig die DDR verließen. Beides trug dazu bei, die ohnehin schon schwierige Situation bei der Versorgung der Bevölkerung mit Lebensmitteln oder Kleidung noch zu verschlimmern. Man muss bedenken, dass Anfang der 1950er-Jahre die Spuren des Krieges in der frühen DDR noch allgegenwärtig waren. In vielen Stadtzentren prägten noch zerstörte Gebäude das Bild. Wohnraum und Lebensmittel waren knapp. Während das Rationierungssystem des Krieges in Westdeutschland im Jahr

SZ Photo, 00019587

Warteschlange an einem staatlichen HO-Laden, 1952.

1948 abgeschafft worden war, waren Grundlebensmittel wie Brot, Fleisch, Marmelade und Butter in der DDR immer noch rationiert. Zwar gab es keine Hungersnot, aber die schlechte Versorgungssituation wirkte sich spürbar auf die Stimmung der Bevölkerung aus. Als beispielsweise im Frühjahr 1953 auf die Lebensmittelmarken für Fett statt Butter nur noch billige Margarine ausgegeben wurde, und als dann selbst Marmelade knapp wurde, war das für Viele ein Beleg dafür, dass sich die Versprechungen der SED hinsichtlich eines besseren Lebens nicht erfüllen würden.

Die im Jahr 1952 abrupt gestiegenen Rüstungsausgaben der jungen DDR trugen maßgeblich zur Verschlechterung der Versorgungssituation bei und zwangen die SED dazu, zu Beginn des Jahres 1953 einen »Feldzug« für Sparsamkeit auszurufen und Preise zu erhöhen. Das war manchen Protestierenden am 17. Juni 1953 durchaus bewusst, wenn sie die Losung »Butter statt Kanonen« durch die Straßen trugen. Auch in dem Protest gegen die HO, die »Handelsorganisation« der DDR, kam der durch die Verschlechterung der Lebensbedingungen erzeugte Unmut der Bevölkerung zum Ausdruck. Im Februar 1953 waren nicht nur Vergünstigungen für Industriearbeiter wie Erschwerniszuschläge, ermäßigte Fahrten zum Arbeitsplatz oder der Haushaltstag für Frauen gestrichen worden, auch die Menge der auf Karten ausgegebenen subventionierten Lebensmittel war reduziert worden. In den staatlichen HO-Läden wiederum galten Schwarzmarktpreise, die bis zum Zehnfachen des subventionierten Preises betrugen. Viele einfache Arbeiter konnten es sich nicht leisten, dort einzukaufen, was Angriffe auf diese Läden und Forderungen nach Preissenkungen am 17. Juni 1953 erklärt.

Sozialistischer Leistungsdruck

Neben den durch die Aufrüstung erzeugten Sparzwängen verschlimmerte die politisch motivierte Repression die ohnehin schon schlechte wirtschaftliche Lage der DDR. Verhaftungswellen gegen »objektive Feinde« des sozialistischen Aufbaus wie Fuhrunternehmer, Gastwirte, Hoteliers, Großbauern, Christen oder ehemalige Sozialdemokraten wirkten kontraproduktiv und verschärften vorhandene Versorgungsmängel.

Schlechte Versorgung und politische Verfolgung allein lösten jedoch keinen Aufstand aus. Es war vielmehr, neben dem als Zeichen von Schwäche interpretierten Zurückrudern der SED-Führung bei der Verkündung des »Neuen Kurses«, vor allem die Inkonsistenz dieser politischen Kurswende, die Empörung auslöste, denn eine Maßnahme wurde nicht zurückgenommen, die besonders viele betraf: Eine pauschale zehnprozentige Normerhöhung für alle Produktionsarbeiter, die ausgerechnet zum Geburtstag von Walter Ulbricht in Kraft treten sollte. Die ersten Proteste Berliner Bauarbeiter am 15. Juni 1953 richteten sich genau gegen diese Normerhöhung, die zu starken Lohneinbußen geführt hätte.

Die Normerhöhung war aus Sicht der SED insofern gerechtfertigt, als es in der Nachkriegszeit nicht gelungen war, die Arbeiter zu Höchstleistungen in den Produktionsbetrieben zu motivieren. Mit den Arbeiterprotesten im Juni 1953, die zu Streiks und Demonstrationen in rund 700 Städten und Gemeinden führten, erreichte eine jahrelange Geschichte innerbetrieblicher Konflikte ihren Höhepunkt. Im Kern ging es um die Frage, wie man Leistungsanreize für Arbeiter in einer Gesellschaft schaffen konnte, in der kapitalistische Leistungszwänge wie Konkurrenz und Markt abgeschafft und

Trotz anrollender Panzer dauern die Proteste in Halle bis in die Abendstunden an.

die Geldfunktion eingeschränkt war – da wichtige Güter wie Wohnung und Nahrungsmittel bürokratisch verteilt und nicht marktwirtschaftlich gehandelt wurden. Wenn es den »kapitalistischen Ausbeuter« nicht mehr gab, was sollte die Arbeiter dann noch motivieren, an den Maschinen maximale Leistungen zu erbringen? Die Versuche der SED, seit 1948 ein »Eigentümerbewusstsein« bei den Arbeitern zu wecken, indem so genannte Aktivisten wie Adolf Hennecke als Stars der Plan-Übererfüllung herausgestellt wurden, hatten kaum Erfolg. Die Festsetzung »technologisch begründeter Arbeitsnormen« durch die SED ähnelte stark den Rationalisierungsmethoden von US-Konzernen und erzeugte den Eindruck, dass die Betriebsleiter der SED die Rolle der Ausbeuter übernahmen. Was folgte, war ein Katz- und Mausspiel von Technologen und Arbeitern bei der Festlegung der Normen, ohne dass es zu den von der SED geforderten Leistungssteigerungen kam. Auch die Betriebskollektivverträge, in denen sich die Arbeitskollektive zur Planerfüllung verpflichteten, wurden als neuer, sozialistischer Leistungszwang angesehen, und bewirkten keinen Motivationsschub. Insofern war es ein indirektes Eingeständnis des Versagens der bisherigen Politik, dass die SED-Führung Ende April auf diktatorische Weise eine zehnprozentige Normerhöhung für alle Produktionsarbeiter verfügte.

Dass ausgerechnet diese einschneidende Maßnahme bei der Bekanntgabe des »Neuen Kurses« nicht erwähnt wurde, sorgte für die ersten Proteste von Arbeitern am 15. Juni 1953 in Ost-Berlin. Die am 17. Juni 1953 im ganzen Land geäußerte Forderung nach der Zurücknahme der Normerhöhung unterstrich, dass es sich hier um einen zentralen Konfliktpunkt handelte. Zugleich aber waren die Normerhöhungen lediglich ein Problem unter vielen, anhand dessen die Bevölkerung ihre grundlegende Ablehnung der kommunistischen Regierung zum Ausdruck bringen konnte. Die Tatsache, dass die SED bereits am Nachmittag des 16. Juni 1953 bekannt gegeben hatte, dass die Normerhöhung zurückgenommen sei, und dass dies den landesweiten Aufstand am Folgetag nicht aufhalten konnte, belegt das. Bereits während einer Demonstration der Berliner Bauarbeiter am 16. Juni 1953 vor dem »Haus der Ministerien« machten die Protestierenden klar, dass sie sich nicht mehr mit einzelnen Zugeständnissen zufriedengeben würden, sondern dass es ihnen um einen radikalen politischen Neuanfang ging.

Archiv Zeit-Geschichte(n) e.V.

Ein Plakat bei den Protesten am 17. Juni 1953 in Halle.

Organisationsformen des Protests

Vergeblich gab sich die SED alle Mühe, den Aufstand als von westlichen Agenten eingefädelten »konterrevolutionären Putschversuch« zu diffamieren – heute wissen wir aus internen Dokumenten westlicher Geheimdienste, dass diese von dem Aufstand ebenso überrascht wurden wie Staatssicherheit und SED. Die Revolte entstand spontan und entsprang der tiefsitzenden Unzufriedenheit Hunderttausender ostdeutscher Arbeiter mit der politischen und sozialen Situation.

Möglicherweise wäre es bei der Streikaktion der Berliner Bauarbeiter geblieben, hätte es nicht die offene Grenze und den im US-amerikanischen Sektor von Berlin stationierten Sender RIAS gegeben. Frühzeitig berichtete der RIAS über die Protestaktionen mit großer Anteilnahme und wurde damit zum informellen Zentrum des Aufstands. Während der Rundfunk der DDR versuchte, den Aufstand totzuschweigen, bewirkten die Nachrichten, Reportagen und Kommentare des RIAS, dass der landesweite Streik am Morgen des 17. Juni 1953 in hunderten Orten der DDR nahezu gleichzeitig begann. Die ständige Wiederholung der Forderungen der Berliner Streikenden führte zudem dazu, dass einige Kernforderungen der Protestierenden nahezu überall auftauchten. Je nach lokaler Situation kamen noch zahlreiche andere Forderungen hinzu. So spielte beispielsweise in Görlitz, wo viele Vertriebene lebten, die Frage der ehemaligen Ostgebiete eine wichtige Rolle.

Dass der Aufstand völlig ungeplant losbrach, zeigte sich darin, dass die Proteste in vielen Orten führerlos und chaotisch verliefen – so in Leipzig, Berlin, Jena oder Magdeburg. Oft formierten sich Protestmärsche in Industriestandorten, die sich in Richtung Stadtzentrum bewegten und immer mehr Zulauf bekamen. Die Menschenmassen griffen Gebäude von

Titelseite der Tageszeitung »Der Abend« aus West-Berlin.

Partei und Staat an, rissen Propagandalosungen herunter, warfen Fensterscheiben ein und belagerten die Zentralen von Partei, Massenorganisationen, Polizei und Staatsanwaltschaft. Niemand vermochte es, diese Proteste zu koordinieren, niemand machte Anstalten, die Macht zu übernehmen.

Andernorts gab es erfolgreiche Formen der Selbstorganisation, so in Görlitz, Halle und Merseburg. Dort wurden auf Massenkundgebungen Streikkomitees gewählt, die versuchten, die Proteste zu koordinieren. Besonders weit ging die Selbstorganisation in Bitterfeld. Chemiearbeiter aus verschiedenen Betrieben hatten sich im Stadtzentrum auf einer großen Wiese versammelt und auf Zuruf ein Streikkomitee gewählt, das dann für wenige Stunden die Macht im gesamten Kreis Bitterfeld übernahm.

Sturm auf Gefängnisse

Die SED hatte im Zuge ihres »Neuen Kurses« angekündigt, politische Häftlinge freizulassen. Deshalb kam es bereits ab dem 12. Juni 1953 zu Menschenansammlungen vor Haftanstalten, beispielsweise vor dem Zuchthaus in Brandenburg. Und es wurden in der Tat an einigen Orten Häftlinge entlassen, so kamen in Weimar 15 wegen »Wirtschaftsverbrechen« Inhaftierte frei. Darunter war ein Hotelbesitzer, dessen Freilassung mehrere Hundert Menschen überschwänglich feierten.

Am 17. Juni kam es dann an insgesamt 70 Gefängnissen zu Befreiungsversuchen. In den meisten von Demonstranten belagerten Gefängnissen gelang die Befreiung nicht, wie zum Beispiel in Leipzig und Magdeburg. An 27 Haftorten waren

SZ Photo, 00004676

Demonstrationszug in Halle am 17. Juni.

die Gefangenenbefreiungen erfolgreich. Meist wurden die Inhaftierten unter chaotischen Umständen aus ihren Zellen geholt. So geschah es in den Untersuchungshaftanstalten in Jena und Halle. Es gab aber auch Orte, wo die Demonstranten für eine geordnete Freilassung sorgten, so in Gommern und Bitterfeld. Insgesamt wurden im Zuge des Aufstands 1500 Häftlinge befreit. Einige dieser befreiten Häftlinge konnten auch nach der Niederschlagung des Aufstands in Freiheit bleiben, da sie amnestiert wurden. Andere wurden, nachdem sie sich selbst wieder gestellt hatten, nach kurzer Zeit vorzeitig entlassen. Zudem hielt die SED auch nach dem Aufstand ihre im Zuge des »Neuen Kurses« gemachten Versprechungen aufrecht. Insgesamt wurden bis Oktober 1953 ca. 24.000 aus politischen Gründen Inhaftierte vorzeitig aus der Haft entlassen.

Perspektive Wiedervereinigung

Nahezu überall in der DDR, wo sich größere Protestbewegungen formierten, machten sich die Demonstranten die vom RIAS gesendete Forderung nach »Geheimen und freien Wahlen für ganz Deutschland« zu eigen. Diese Forderung hatten die Westmächte (Großbritannien, Frankreich, USA) immer wieder erhoben. Die SED rechnete fest mit einer vernichtenden Wahlniederlage unter fairen Bedingungen und ließ sich mit sowjetischer Unterstützung nicht auf diese Forderungen ein. Dass Nationalismus und Freiheitssehnsucht in diesen Tagen bei Vielen nahezu identisch waren, zeigte sich unter anderem darin, dass Demonstranten am Brandenburger Tor ihre schwarz-rot-goldenen Fahnen als »Freiheitsfahnen« bezeichneten.

Bei vielen Kundgebungen und Demonstrationen wurde das nach Ende des Zweiten Weltkriegs im Osten Deutschlands verbotene Deutschlandlied gesungen, das im 19. Jahrhundert als Freiheitslied entstanden war. In Thale stellte sich dabei eine nahezu rituelle Feierlichkeit ein: In dem Städtchen am Harz hatte sich der Unmut der Demonstranten gegen eine »Normensäule« gerichtet, die auf dem Platz vor dem Bahnhof aufgestellt war. Das hölzerne Monument der Norm-Übererfüllungspropaganda wurde zerschlagen und angezündet. Demonstranten gruppierten sich dann im Kreis um das Feuer und sangen »Deutschland über alles«. Acht Jahre nach dem Ende des Zweiten Weltkrieges weckte das bei manchen Zeitzeugen ungute Erinnerungen an nationalsozialistische Aufmärsche. Belege für die Behauptung der SED, es habe sich um einen »faschistischen Putsch« gehandelt, gibt es jedoch so gut wie nicht. Selbst einzelne Streikführer mit NS-Vergangenheit traten nicht als Nazis auf, sondern als Vertreter der Arbeiterschaft. In den letzten Jahren des Bestehens der DDR hat die SED dann die eigene These vom faschistischen Umsturzversuch selbst nicht mehr vertreten. Stattdessen sprach man nun von einem »konterrevolutionären Putschversuch«.

In der Bundesrepublik wurden weniger die sozialen Forderungen der Arbeiter als die nationalen Tendenzen wahrgenommen. Seit 1954 feierten die Bundesbürger ihren Nationalfeiertag, den »Tag der deutschen Einheit«, am 17. Juni (der 1990 mit der Wiedervereinigung wieder abgeschafft wurde).

Feierstunde zum Tag der Deutschen Einheit im Plenarsaal des Bundeshauses am 16. Juni 1954 in Bonn zum ersten Jahrestag des Volksaufstandes 1953.

Niederschlagung

Das für den Volksaufstand emblematisch gewordene Bild des sowjetischen Panzers, der durch ostdeutsche Städte rollt, ist hinsichtlich der tatsächlichen Rolle der Panzer an diesem Tag etwas irreführend, da der Panzereinsatz eher symbolischen Charakter trug. Die Schüsse, bei denen Hunderte Demonstranten verletzt und dutzende getötet wurden, kamen aus Handfeuerwaffen deutscher Polizisten und sowjetischer Soldaten. Die Panzer sicherten den Schusswaffeneinsatz ab und signalisierten der Welt, dass die Sowjetunion bereit war, die SED-Diktatur in der DDR auch mit Waffengewalt zu verteidigen.

Nach neueren Forschungen kamen bei den gescheiterten Volksaufstand bis zu 72 Menschen nachweislich ums Leben. Mindestens 34 Demonstranten starben unmittelbar bei der Belagerung von Gebäuden der Staatsmacht bzw. Gefängnissen durch Schüsse von deutschen oder sowjetischen Sicherheitskräften. Auch einige SED-Funktionäre und Soldaten kamen zu Tode, wobei der Lynchmord an einem SED-Funktionär in Rathenow eine extreme Ausnahme darstellte. Auch Angriffe auf heranrollende Panzer, so sehr sie später zu Ikonen des Widerstandswillens der DDR-Bevölkerung gemacht wurden, waren selten.

Mit der Verhängung des Ausnahmezustands in 167 von insgesamt 217 Land- und Stadtkreisen am Nachmittag des 17. Juni 1953 und einer einsetzenden Verhaftungswelle verebbten die Proteste binnen Stunden, flammten jedoch in den folgenden Tagen wieder auf, und an vielen Orten gingen die Streiks weiter. Die Arbeiter konnten am 18. Juni wegen des Ausnahmezustands, bis auf wenige Ausnahmen, nicht mehr öffentlich demonstrieren. Doch es kam in vielen Betrieben zu

Protestkundgebungen und Arbeitsniederlegungen, an denen sich insgesamt etwa 100.000 Menschen beteiligten. Erst der Aufmarsch von Militär in den Betrieben und massive Drohungen erwirkten die Wiederaufnahme der Arbeit. Aber auch in den folgenden Wochen kam es zu Solidaritätskundgebungen, Geld- und Unterschriftensammlungen für verhaftete Streikführer. In Jena versuchten am 11. Juli 1953 etwa 2.000 Zeiss-Werker, durch einen Sitzstreik die Freilassung eines Streikführers zu erreichen. In den Buna-Werken forderten Mitte Juli etwa 5.000 Arbeiter Aufklärung über das Schicksal verhafteter Kollegen und streikten drei Tage lang.

Insgesamt verhafteten die Sicherheitskräfte nach dem 17. Juni bis zu 15.000 Beteiligte. Damit handelte es sich um die größte Verhaftungswelle in der Geschichte der DDR. Die Bestrafung der Verhafteten fiel unterschiedlich aus. Die Strafen für so genannte »Rädelsführer« waren hart. 115 Streikführer wurden von DDR-Gerichten zu langjährigen Haftstrafen verurteilt, die sie oft bis zum Ende absitzen mussten. Fünf Aufständische wurden vom sowjetischem Militär standrechtlich erschossen, zwei durch DDR-Gerichte gefällte Todesurteile vollstreckt. Insgesamt wurden gegen 1800 Beteiligte des Aufstands Haftstrafen verhängt. Etwa ebenso viele Protestierende wurden in sowjetische Straflager deportiert.

Die Mehrheit der Verhafteten wurde hingegen ohne Bestrafung entlassen. Die SED versuchte, die Bevölkerung durch die weithin propagierten harten Urteile gegen Streikführer einzuschüchtern, und ließ zugleich die als »Mitläufer« eingestuften Verhafteten laufen – offenbar als Versöhnungsangebot.

Tatsächlich unternahm die SED nach dem niedergeschlagenen Aufstand einiges, um die Versorgung der Bevölkerung mit Lebensmitteln zu verbessern. Umfangreiche Lebensmittel- und Rohstofflieferungen aus der Sowjetunion sowie ein großzügiger Kredit machten das möglich. Die sowjetische Führung erließ der DDR zudem ab 1954 alle Reparationszahlungen

Sowjetische Soldaten mit Panzern und Volkspolizei in der Leipziger Straße in Ost-Berlin, 17. Juni 1953.

wegen des deutschen Angriffskriegs gegen die UdSSR und gab 33 so genannte SAG-Betriebe (»Sowjetische Aktiengesellschaften«) unentgeltlich an die DDR zurück. Die Halbierung des Flüchtlingsstroms in die Bundesrepublik in den folgenden Monaten kann als Indiz dafür angesehen werden, dass es zumindest vorübergehend zu einer Verbesserung der Lebensbedingungen in der DDR gekommen war. Dazu dürften auch die Rücknahme der Steuererhöhungen für private Unternehmer, Preissenkungen in den HO-Läden, die Schaffung von Arbeiterwohnungsgenossenschaften (AWGs) und eine Reihe von sozialpolitischen Maßnahmen beigetragen haben.

Historische Bedeutung

Der gescheiterte Volksaufstand bewirkte ein doppeltes Trauma, das die Geschichte der DDR für Jahrzehnte prägte. Zum einen hinterließ der Aufstand eine traumatisierte Bevölkerung. Das plötzliche Erscheinen der sowjetischen Panzer, die Schüsse, Tote und Verletzte, der Ausnahmezustand, die Schauprozesse gegen »Rädelsführer« und die Etikettierung der Revolte als »faschistischer« oder »konterrevolutionärer Putschversuch« – das alles waren Machtdemonstrationen einer kommunistischen Diktatur am Rande des Zusammenbruchs, die nun mit sowjetischer Unterstützung konsolidiert wurde. Die Erfahrung, dass Proteste gegen die kommunistischen Machthaber aussichtslos waren, weil sie notfalls mit Waffengewalt niedergeschlagen würden, prägte die DDR-Bevölkerung für lange Zeit.

Die im Kern von Arbeitern initiierten und getragenen Proteste hinterließen aber auch eine traumatisierte SED-Führung, die sich bemühte, ihre Lektion zu lernen. Zum einen baute die SED den Sicherheitsapparat aus. Fortan bestanden in allen größeren Betrieben paramilitärische Kampfgruppen, die eine sich entwickelnde Streikbewegung bereits in den Betrieben im Keim ersticken sollten. Zudem wurde die Bereitschaftspolizei geschaffen, die im Fall von Massendemonstrationen oder Bürgerkrieg zum Einsatz kommen sollte. Die Staatssicherheit, die am 17. Juni versagt hatte, wurde ausgebaut. Um eine straffe Lenkung der Sicherheitskräfte zu gewährleisten, schuf die SED in allen Bezirken der DDR so genannte Bezirkseinsatzleitungen, die im Krisenfall das Zusammenwirken von Partei, Staat und bewaffneten Organen koordinieren sollten.

Daneben installierte die SED auch in 82 Schwerpunktbetrieben Parteiorganisatoren des Zentralkomitees und ließ

Demonstrierende aus Ost-Berlin ziehen am 17. Juni 1953 mit schwarz-rot-goldenen Fahnen durch das Brandenburger Tor in den britischen Sektor West-Berlins.

in 21 weiteren Großbetrieben Sekretariate der SED bilden, um die wichtigsten Industriebetriebe der DDR unter direkte Aufsicht der Parteiführung zu stellen. Mit der umfassenden Konsolidierung ihrer Machtstrukturen vollzog die SED-Führung die »innere Staatsgründung der DDR« (Wolle/Mitter/Kowalczuk).

Dass sich ausgerechnet die Arbeiter, welche die SED doch zu repräsentieren vorgab, in Massen gegen das sozialistische Projekt gewandt hatten, war ein peinlicher Sachverhalt, weshalb die SED die Ereignisse des 17. Juni 1953 und selbst das Datum zu einem politischen Tabu machte, an das man besser nicht rührte.

Zugleich versuchte die SED, durch materielle Zugeständnisse an die Arbeiter das in Schlingern geratene sozialistische Projekt zu stabilisieren und zugleich dem Aufkommen sozialer Unruhen das Fundament zu entziehen. Als Folge davon lagen die Lohnsteigerungen in den Jahren nach 1953 stets über den Produktivitätssteigerungen. Damit stellte die SED-Politik nach dem niedergeschlagenen Aufstand auch ein Eingeständnis dar, dass der ostdeutsche Sozialismus nicht in der Lage war, ähnliche effektive Produktivitätssteigerungen hervorzubringen wie der westliche Kapitalismus.

Bundesarchiv Bild, 183-20552-0001, Köhler

Die bisher größte Lebensmittelhilfe der Sowjetunion für die Menschen in der DDR sei ein neuer Beweis für die Verbundenheit der beiden Staaten, hieß es am 27. Juli 1953. Hier türmen sich Fischkonserven in einem Schaufenster in Berlin-Weißensee.

Literatur

Edda Ahrberg/Hans-Hermann Hertle/Tobias Hollitzer (Hg.): Die Toten des Volksaufstandes vom 17. Juni 1953, Münster 2004.

Torsten Diedrich: Waffen gegen das Volk. Der 17. Juni in der DDR, München 2003.

Bernd Eisenfeld/Ilko-Sascha Kowalczuk/Ehrhart Neubert (Hg.): Die verdrängte Revolution. Der Platz des 17. Juni 1953 in der deutschen Geschichte, Bremen 2004.

Roger Engelmann/Ilko-Sascha Kowalczuk (Hg.): Volkserhebung gegen den SED-Staat. Eine Bestandsaufnahme zum 17. Juni 1953, Göttingen 2005.

Manfred Hagen: DDR – Juni '53. Die erste Volkserhebung im Stalinismus, Stuttgart 1992.

Clemens Heitmann/Thomas Schubert (Hg.): Der 17. Juni 1953 in Sachsen. Ursachen, Ereignis, Wirkung und Rezeption, Berlin 2013.

Andrea Herz (Hg): Quellen zur Geschichte Thüringens. Der 17. Juni 1953 in Thüringen, Erfurt 2003.

Ilko-Sascha Kowalczuk: 17.6.1953 – Volksaufstand in der DDR. Ursachen – Abläufe – Folgen, Bremen 2003.

Regine Möbius: Panzer gegen die Freiheit. Zeitzeugen des 17. Juni 1953 berichten, Leipzig 2003.

Jörg Roesler: Der 17. Juni 1953. Fehlentscheidungen im Aufbau des Sozialismus und ihre Korrekturen, Berlin 2013.

Heidi Roth: Der 17. Juni 1953 in Sachsen, Köln 1999.